Petra Dinhof

Mach kein Theater

Life is a story

schreib's auf
story.one

1. Auflage 2020
© Petra Dinhof

Herstellung, Gestaltung und Konzeption:
Verlag story.one publishing – www.story.one
Eine Marke der Storylution GmbH

Gesetzt aus Minion Pro und Lato.
© Coverfoto: Sam Cernic, Unsplash
© Fotos: Privat

Printed in the European Union.

ISBN: 978-3-99087-199-7

Als Kind hörte ich oft: „Mach kein Theater!",
aber genau das wurde zu meiner wichtigsten
Ausdrucksform. In diesem Büchlein schreibe
ich Geschichten über die Bühne, über
inspirierende Menschen und meine geliebte
Hündin Josy. Vielen Dank meinen Freunden
Sepperl und Felicitas fürs Lektorieren.

INHALT

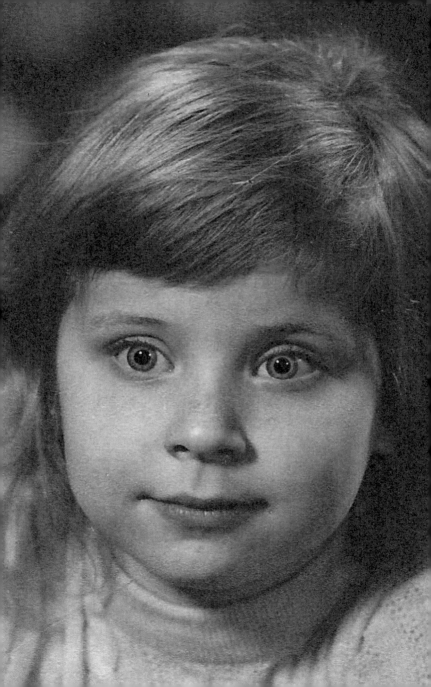

Zu klein zum Singen

Mit 5 Jahren kam ich als ziemlich kleines Mädchen in die Volksschule, in die ich gerne ging, obwohl es mir besonders schwer fiel, still zu sitzen und nicht dauernd zu sprechen. Ich war aber recht freundlich und so ging sich das halbwegs aus.

Im Zeugnis der 1. Klasse wurden wir verbal beurteilt, Anfang der 70er eine Seltenheit. Da stand dann unter anderem: Sie ist ein lebhaftes und sprechfreudiges Kind und weist in sämtlichen Bereichen sehr erfreuliche Leistungen auf. Außerdem hat sie einen Hang, alles theatralisch darzustellen und zu parodieren. Sie ist sehr hilfsbereit, verlässlich, nett und übt gerne Kritik - was heißt das denn? Ich war also recht sympathisch, habe unglaublich viel gequatscht und fand dann doch nicht alles toll, was Frau Volksschuloberlehrerin sagte. Ja, so durfte sie sich nennen: Ein Schild mit der Aufschrift „Vobl. Hilda D." prangte an der Klassentür.

Ich habe sie verehrt und geliebt, die Frau D. Sie war eine ältere, konservative Lehrerin, ein bisschen wie die Lehrerinnen in den Filmen der 50er Jahre, aber nett und aus meiner Sicht allwissend und sehr schön. Meiner jungen und besonders attraktiven Mutter teilte ich einmal arglos mit, dass sie, die Mama sehr schön sei, aber die Frau Lehrerin noch viel schöner. Meine Mutter war entsetzt! Als ich später ein Foto von Frau D. sah, wusste ich warum: sie war wirklich alles andere als schön! Für mich, als 5-jährige war sie eine Heldin, folglich auch schön!

Frau Lehrerin spielte Melodica, wenn sie mit uns musizierte - das liebte ich besonders. In unserer Schule gab es einen stadtbekannt guten Chor, den die Direktorin leitete. Sie war eine alte, sehr strenge, aber musikalische Person, vor der wir alle sehr viel Respekt hatten. In diesem Chor sangen nur die allerbesten Schülerinnen und Schüler, normalerweise aus höheren Klassen. Aus unserer 1. Klasse wurde nur der Max, ein Sängerknabe, ausgewählt - der konnte aber auch besonders gut singen! Ich wurde nicht ausgewählt. Das war mir gar nicht recht! Also lief ich der strengen Frau Direktorin, als diese zu uns in die Klasse kam, um Max zur Probe abzuholen, entgegen und teilte ihr mit, dass ich

10

mitsingen wolle und deshalb jetzt mitkommen würde.

Meine Frau Lehrerin war starr vor Schreck, alle erwarteten ein Donnerwetter, außer mir, ich war unschuldig und arglos und wollte einfach singen! Das musste ich doch mitteilen, oder? Frau Direktorin war zu überrascht, um schimpfen zu können, nahm mich einfach an der Hand mit und murmelte etwas wie: „Die ist doch viel zu klein, wie soll das gehen?" Zu mir sagte sie: „Wir versuchen es, vielleicht schicke ich dich aber wieder weg."

Sie hat mich nie weggeschickt und ich durfte 4 Jahre lang in diesem großartigen Schulchor singen.

Damals habe ich erstmals bei den Chorauftritten Bühnenluft geschnuppert, singend, darstellend und tanzend.

20 Jahre später machte ich daraus meinen Beruf, wurde Schauspielerin. Auch heute singe ich manchmal auf der Bühne und ich liebe es noch genauso wie damals!

Die Riesen vom Berge

Anfang 20 studierte ich Rechtswissenschaften und Englisch. Alles lief bestens, Studium und Job. Gegen Ende des Jus - Studiums war auf einmal alles anders. Nichts ging mehr, ich wollte nur mehr auf die Bühne.

Meine Eltern bekamen fast einen Herzinfarkt, als sie hörten, dass ich mein Studium so kurz vor dem Ende abbrechen wollte. Mein Arbeitgeber, ein renommierter Rechtsanwalt in der Wiener Innenstadt, war fassungslos. Ich habe mich sehr wertgeschätzt gefühlt, als er intensiv versucht hat, mich zum Bleiben und Fertigstudieren zu überreden, denn er war sicher, dass ich eine sehr gute Rechtsanwältin werden würde. Ein bisschen hat mich das verunsichert, aber mein Entschluss stand fest: Ich will zum Theater!

So machte ich mit 26 Jahren die Aufnahmeprüfung an einer Schauspielschule. Ich war schon relativ alt, um als Anfängerin in einer ohnehin schwierigen Branche Fuß zu fassen und hatte keine Ahnung, wie dieser sehr unsichere

Weg verlaufen würde. Ich stürzte mich einfach rein. Die Schauspielschule war teuer, aber ich arbeitete als Lehrerin und immer noch Teilzeit beim Rechtsanwalt und so ging das irgendwie.

Nach wenigen Monaten schon durfte ich zu einem Vorsprechen ans Burgtheater. Viele junge Schauspielerinnen und Schauspieler waren dort, vielleicht 100. Zuerst tanzten wir in großen Gruppen, die nach jedem Durchgang immer kleiner wurden. Dann gab es für die besten 25 ein Vorsprechen. Zuletzt wurden 9 ausgewählt und ich war dabei! Euphorische Glücksgefühle machten sich in mir breit. Ich war Ensemble-mitglied des Wiener Burgtheaters! Ich durfte als Elevin im Pirandello-Stück „Die Riesen vom Berge", inszeniert vom großen Giorgio Strehler, mitspielen! Ich spielte eine Puppe in einem seltsam - schönen und sehr dicken Filzkostüm, das nur skurrile, eher steife Bewegungen zuließ und trug eine ebenso dicke Maske. Ich sprach 4 Sätze und tanzte mit 8 anderen wunderbaren jungen Schauspielerinnen und Schauspielern. Die Atmosphäre des Burgtheaters und dieses mystischen Stücks waren faszinierend, und ich tauchte glückselig in diese für mich neue Welt ein.

Ich bin kurzsichtig und vertrage Kontaktlinsen schlecht. Unter der dicken, harten Maske hatte keine Brille Platz, also spielte und tanzte ich halbblind. An sich war das wunderbar, denn so musste ich mich sehr auf mein Gefühl und meine Intuition verlassen, was eine bereichernde Erfahrung war. Diese Bühne aber war so gestaltet, dass sie Stockwerke hatte. Wir tanzten oben am Rande des Abgrundes und die Beleuchtung war ebenso mystisch wie das Stück. Bei der Premiere war ich so aufgeregt, dass ich beinahe abgestürzt wäre, was zu einer absurden Pirouette bei meinem Tanz führte. Zum Glück hat das kaum jemand bemerkt und ich blieb unverletzt.

Ich spielte am Burgtheater in einigen Stücken kleine Rollen und habe dabei viel gelernt. Dann zog es mich in die freie Szene, um endlich Hauptrollen zu spielen und um neue Erfahrungen zu machen.

Aber das ist eine ganz andere Geschichte.

Bühne mit Tier

Nachdem ich das Burgtheater verlassen hatte, spielte ich lustige und interessante Rollen in der freien Szene, sammelte viel Erfahrung und genoss die Freiheit, die natürlich auch mit großer Unsicherheit einher ging. Nie wusste ich, ob ich im nächsten Monat noch einen Job haben würde. Ich hatte Glück, irgendwie wurde ich immer wieder für gute Theaterproduktionen engagiert.

Eines der Stücke meiner Anfangszeit spielte im Wiener Metropol, genauer gesagt auf der feinen, kleinen Bühne im Metropoldi, wo etwa 100 Zuschauer Platz fanden. Wir spielten dort ein schönes und ruhiges Stück, in dem es zu Liebesszenen und vielen philosophischen Dialogen kam.

Die Vorbereitungen und Proben brachten einige Besonderheiten mit sich, zumal es nicht ganz einfach ist, Liebesszenen gut, berührend und niveauvoll zu spielen. Auch brauchte ich erotische Wäsche, die nicht allzu viel nackte Haut zeigte. Zu meiner großen Verwunderung sollte ich eine wunderschöne, sinnlich - elegante Corsage mit Strapsen mit schwarzem Seidenmantel gerade in einem Sexshop finden! Eine äußerst interessante Erfahrung, schließlich war ich nie zuvor in so einem Geschäft gewesen.

Die Premiere war ein großer Erfolg, so war das Stück auch weiterhin gut besucht. Eines Abends war die Vorstellung besonders schön, die Menschen hörten und schauten sehr aufmerksam und interessiert zu. Während einer besonders ruhigen und innigen Liebesszene herrschte im Publikum gespannte Stille, man hätte die berühmte Stecknadel fallen gehört.

Auf einmal stiefelte eine elegante, graue Katze, die im Metropol hauste, schnurstracks auf die Bühne, nicht ohne uns gelangweilt anzuschauen und sich in aller Ruhe neben uns zu putzen. Selbst der großartigste Iffland - Ring - Träger hätte keine Chance gehabt, die Aufmerksamkeit des Publikums wieder auf sich zu ziehen.

Seither weiß ich, dass die alte Theater - Weisheit wirklich stimmt: Sobald ein Tier auf der Bühne sichtbar wird, können die Schauspielerinnen und Schauspieler großartig weiterspielen, einen Hampelmann machen oder abgehen - es ist egal, es interessiert sowieso keinen mehr. Am besten wäre es gewesen, die Katze ins Stück einzubauen - aber, ich möchte mir nicht vorstellen, wie wir das bei einer Liebesszene hätten machen können.

Bei den Proben hatten wir die Katze ja schon kennen gelernt, da fanden wir ihre Anwesenheit immer angenehm, kuschelig und amüsant. Keine Ahnung, wieso wir gedacht hatten, dass sie unsere Vorstellungen ehrfürchtig aus der Ferne betrachten würde. Katzen machen sowieso immer, was sie wollen. Unerziehbar! Unbestechlich! Außer, jemand öffnet die Futterdose. Dem menschlichen „Dosenöffner" gehört alle Liebe.

Vielleicht macht gerade ihre Eigenwilligkeit, neben ihrer Schönheit, Katzen so anziehend für uns.

Hauptsache die Frisur sitzt

Ich bin ja ein Nerverl, daher kommt die Frage nach dem Lampenfieber immer wieder auf. Tatsächlich hält sich dieses in Grenzen, sofern das Rundherum halbwegs passt. Natürlich bin ich aufgeregt, wenn ich eine neue Rolle spiele und sich in 5 Minuten der Vorhang öffnet. Das ist aber auch gut so, das erzeugt genau die richtige Körperspannung und Konzentration. Unangenehm nervös macht es mich nur, wenn ich von anderen abhängig bin und diese nicht das Nötige tun.

Ich spielte im hübschen, kleinen Theater beim Auersperg eine verführerische Frau, die auf der Bühne als Teil der Handlung des Stückes eine Perücke aufsetzen musste. Es war wichtig, dass das Ganze souverän getan wurde und das Ergebnis, nämlich mein Aussehen, sollte danach sehr attraktiv sein. Die ausgefallenen Kostüme hatte ich alle selbst organisiert.

Der Theaterdirektor, der auch Bühnen- und Kostümbildner und Requisiteur in Personalunion war, wollte die Perücke aber unbedingt selbst besorgen, also musste ich darauf warten. Dann brachte er mir eine rote Perücke, mit der sich jeder Mensch sogar im Fasching in Grund und Boden geniert hätte, außer man hätte als Pumuckl gehen wollen. Auch als Wischmopp, mit dem man richtig gut in alle Ecken kommt, wäre ich ohne Probleme durchgegangen. Verzweifelt bat ich um eine andere Perücke. Nach tagelangen Diskussionen stimmte er schließlich zu. Wieder warten - 1 Woche, 2 Wochen, 3 Wochen - in 2 Tagen sollte die Premiere stattfinden! Ich musste ja auch das gekonnte Aufsetzen proben! Er wollte, so erklärte er die Verzögerung, eine richtig schöne Haarpracht auf meinem Kopf sehen. Langsam wurde ich nervös, denn ich hatte noch nie selbst eine Perücke aufgesetzt, schon gar nicht souverän oder gar so, dass sie auch nach wilden Szenen noch dekorativ auf dem Kopf thronen würde.

Dann kam er mit einer in hellblau und einer in rosa daher! Und er schien das ernst zu meinen. Dazu muss man wissen, dass meine Haut sehr hell ist - wie sollte denn das aussehen?! Zu meinem großen Erstaunen sah ich mit den pastellfarbenen Perücken nicht einmal allzu bescheuert aus, ein bisschen allerdings doch! Als besonders seltsamer Clown wäre ich durchgegangen, als attraktive Verführerin sicher nicht!

Mein Schauspielkollege hatte große Mühe, sich bei meinem Anblick einen Lachkrampf zu verkneifen. Da ich aber kurz vor dem Explodieren war, sagte er freundlich: „Sieht nett aus." Oh mein Gott! „NETT!" Das war´s! Ich sprang wie Rumpelstilzchen, tobte und schrie, dass es mir reichte und ich jetzt sofort eine ordentliche Perücke wollte. Alle starrten mich erschrocken an, der Direktor lief aus dem Probenraum, um 2 Stunden später mit einer recht schönen, rothaarigen Perücke zurückzukommen.

Na bitte, geht doch! 1 Tag vor der Premiere!

Dass wir 4 Wochen lang wirklich gut geprobt und dann eine erfolgreiche Premiere gespielt hatten, war dem Direktor anscheinend nicht so wichtig gewesen.

Hauptsache, die Perücke sitzt!

Das Theater oder was wirklich zählt

Immer schon wollte ich ganz viel Zeit mit meinem Sohn verbringen, als er ein Baby war am liebsten durchgehend. Ich fühlte mich verzaubert durch die Anwesenheit dieses wunderbaren Kindes. Alles war zehnmal so schön, wenn ich es mit meinem Sohn erlebte. Nichts ist so bedingungslos wie die Liebe zum Kind. Außerdem hatten wir immer so viel Spaß miteinander, so viel Lachen, so viel Freude bei allen gemeinsamen Unternehmungen. Daher lehnte ich alle Angebote ab, aber mein Beruf machte mir ja auch immer viel Freude, also übernahm ich nach 1,5 Jahren wieder eine Theaterrolle. Mein Sohn war bestens versorgt durch seinen Vater und meine Eltern, trotzdem wollte ich eigentlich lieber bei ihm sein!

Richtig schön war es auf der Bühne daher erst wieder, als er im Kindergarten war, da hatte ich das Gefühl, dass es auch ihm gut tat, Zeit mit anderen Kindern, neuen Herausforderungen und ohne Mama zu verbringen.

Am Tag der Generalprobe saß mein 4-jähriger Sohn dann im Theater in der ersten Reihe und lauschte ganz ruhig und andächtig dem Stück, er verstand schon sehr viel und es interessierte ihn. Er war so herzig! Und wieder teilte ich eine wunderbare Erfahrung mit ihm, konnte meinen Beruf mit meinem lieben Kind gemeinsam erleben!

In der 6.Szene saß ich mit meiner Schauspiel - Kollegin auf der Bühne an einem Tisch und aß Grissini, während wir uns in unseren Rollen sehr philosophisch über unsere Beziehungen und den Sinn des Lebens unterhielten.

Auf einmal hörte ich - und mit mir das ganze Publikum - ein süßes Kinderstimmchen rufen: „Mama, ich hab' Hunger, darf ich auch Grissini haben?!" Im Publikum ein Raunen und liebevolles Lachen. Ich wusste nicht, was ich tun sollte, war sehr konzentriert auf meine Rolle, aber das konnte ich doch nicht ignorieren! Mein kleiner Sohn hatte Hunger! Wie sollte ich da einfach Theater spielen?! Momente vergingen, angespannter Stillstand, Schweigen auf der Bühne. Jetzt auch im Zuschauerraum. Dann fiel mir wieder ein, dass ja sein Vater bei ihm war, also spielte ich weiter, sehr zur Erleichterung meiner Kollegin und des Regisseurs - interessiert hat es in diesem Moment aber keinen Zuschauer. Alle Aufmerksamkeit war beim meinem kleinen Buben, die Menschen lächelten und waren sehr lieb zu ihm, eine Frau schlich sogar leise zum Buffet, um etwas für ihn zum Knabbern zu holen, wie ich später erfuhr.

Und einmal mehr zeigte sich, dass die alte Theater - Weisheit wirklich stimmt: Wenn ein Kind oder ein Tier auf die Bühne kommen oder auch nur irgendwie im Theater wahrgenommen werden, ist der Fokus des Publikums bei ihnen. Dann können die besten Schauspieler und Schauspielerinnen noch so großartig spielen, sich noch so abmühen oder auch einfach von der Bühne gehen, keinen wird es mehr interessieren.

Ich habe mich gefragt, warum das so ist. Natürlich auch, weil sie so süß sind, aber noch mehr, weil sie so ehrlich und wahrhaftig sind. Das ist es, was die Menschen berührt! Auf der Bühne und im Leben!

Wort & Ton

Vor 16 Jahren lernte ich bei der Probe für eine Theaterproduktion die Saxophonistin Daniela kennen. Damit begannen eine tiefe Freundschaft und ein wichtiges künstlerisches Projekt: „Wort&Ton". Mittlerweile spielen wir etwa 45mal im Jahr literarisch - musikalische Programme auf unterschiedlichen Bühnen und es ist wunderbar!

Begonnen hat alles mit einer Lesung mit Musik in einem Pensionistenwohnhaus. Die älteren Menschen wissen unsere Vorstellungen sehr zu schätzen, sie sagen sehr direkt, wie es ihnen gefällt und das ist gut so. Aber es ist nicht immer einfach: Neulich läutete mal wieder ein Handy. Niemand schien sich betroffen zu fühlen, beim 3. Mal hob eine alte Dame ab und telefonierte während der Pointe meiner Geschichte laut, sagte aber durchaus Nettes wie: „Du, i bin do bei aner Veranstaltung - jo, is´ sehr gut - ganz liabe Madln - jo, scheh - jo, g´foit ma - na, guat, dann servas!" Ja, sie sagte tatsächlich: Madln! Wie nett - wir sind über 50! Eine andere, der unsere Vorstellung sichtlich gefiel, kam mitten im Programm zur Bühne vor und informierte uns ausführlich darüber, dass sie auf die Toilette müsste, aber bald wiederkommen würde. 10 Minuten später, kurz vor der Pointe meiner nächsten Geschichte, kam sie zurück, diesmal, um uns mitzuteilen, dass sie jetzt wieder hier wäre. So etwas ist nicht ideal für Vorstellungen, aber es sind wirklich berührende Momente.

Auch nicht einfach ist es, wenn in einem verwinkelten, riesigen Festsaal mit schlechter Akustik vor großem Publikum die Bühnentechnik ausfällt und wir ohne Mikros sprechen und singen müssen, noch dazu vor alten Menschen, von denen gut ein Drittel schlecht hört. Schreien wir halt ein bissl, funktioniert aber auch immer irgendwie.

Am schwierigsten ist es, wenn jemand im Publikum durchgehend grantig dreinschaut und auf nichts, was wir machen, reagiert. Ich bemühe mich dann oft, gerade diese Person zu erreichen. Das ist sehr anstrengend und manchmal frustrierend. So vor kurzem in einem Haus, in dem wir schon jahrelang spielen, geschehen: Die Zuschauerin schaute sehr grantig, fast böse drein, kein Lachen, sie schien auch kaum zuzuhören. Sie saß natürlich direkt vor uns. Nach der

Vorstellung stöhnten wir: „Pffff, die Frau war mühsam, die fand uns schrecklich!" Da klopfte es an der Tür der Künstlergarderobe: Die „böse" Dame! Zu unserer Überraschung bedankte sie sich liebevoll für die großartigen Geschichten und die schöne Musik. „Sie sind meine Engel, seit Wochen freue ich mich schon auf Sie", sagte sie, und gab uns 2 hübsche Tücher, die sie extra für uns gehäkelt hatte. Unfassbar! So kann man sich irren!

Irgendwie erinnert mich die Geschichte ans Hammergleichnis von Paul Watzlawick. Hier vermutete ein Mann, der sich einen Hammer ausborgen wollte, dass der Nachbar Böses über ihn dachte und schrie den nichtsahnenden Unschuldigen an, dass er sich seinen Hammer behalten könne.

Und wir nehmen ab sofort aus Zweckoptimismus einfach Begeisterung vom Publikum an!

Der rosarote Panther

Eines kann ich: spontan auf Unerwartetes gut reagieren. Der Gedanke im Vorfeld, dass speziell auf der Bühne etwas nicht wie geplant laufen könnte, macht mich nervös und unrund. Wenn dann aber wirklich etwas passiert, fällt mir immer etwas Brauchbares ein.

Ich bin ja der Überzeugung, dass das für die meisten Menschen gilt: in der Vorstellung haben wir oft Ängste und Sorgen, dabei könnten wir zumeist darauf vertrauen, dass es immer eine gute Lösung für alle Eventualitäten gibt. In Kursen rund um den Arbeitsmarkt, wie z.B. im Bewerbungstraining, habe ich als Trainerin oft im Zusammenhang mit Vorstellungsgesprächen Unerwartetes ausprobiert, weil die meisten Teilnehmerinnen und Teilnehmer meiner Seminare Angst vor einem „Blackout" oder anderen Unannehmlichkeiten bei so einem wichtigen Termin hatten. Später haben viele erzählt, dass ihnen genau dieses Bewusstsein, eben, dass es immer irgendwie weiter geht, sehr geholfen hat.

Manchmal werde ich aber doch auf die Probe gestellt:

„Dinner&Crime" - interaktives Theater im eleganten Casino Baden war angesagt. Ich spielte die überdrehte, dominante Waisenhaus - Direktorin und sollte gleich bei meinem 1. Auftritt einen Monolog halten, in dem 2 Tafeln eine wichtige Rolle spielten: auf einer war ein altes Haus abgebildet, auf der anderen der Plan eines großen Gebäudes. Wenige Minuten vor meinem Auftritt fragte ich die Abendspielleiterin, die für die Requisiten zuständig war, ob die Tafeln eh auf der Bühne wären. Sie schaute mich mit großen Augen an und meinte erschrocken: „Oh, die sind gar nicht da!" Ich zischte sie an: „Waaas? Ich brauche die Tafeln! Jetzt! Sofort!" Furchtbar aufgeregt rannte ich im nächsten Augenblick in Stöckelschuhen, im rosa Minikleid mit ebenso rosa Federboa hinter der Bühne durchs Casino, um hektisch passende Bilder zu suchen. Sicher ein seltsamer Anblick! Darum konnte ich mich aber jetzt nicht kümmern! Da! Ein Bild, das ein altes Haus zeigte! Ich nahm es einfach von der Wand - ein bissl schwer war das Bild - egal! Ein Hausplan war aber beim besten Willen nicht aufzutreiben!

Ein Mitarbeiter im Büro des Casinos meinte scherzhaft: „Nehmen´S doch den Paulchen Panther!" Was? Bitte, ich habe jetzt wirklich keine Zeit für solche Scherze, hmm, obwohl... entschlossen nahm ich das giftgrüne Stickbild mit dem „Rosaroten Panther" von der Wand und lief gerade noch rechtzeitig mit beiden Bildern auf die Bühne, ohne auch nur im Ansatz zu wissen, was ich damit machen würde.

Dann hielt ich meinen dramatischen Monolog. Anstatt die Hauspläne zu zeigen, beschuldigte ich kurzerhand das Publikum, die Pläne gestohlen und mir dieses „Stick-Kunstwerk" untergejubelt zu haben, worauf eine lustige Suche nach der richtigen Tafel mit dem Gebäudeplan begann und alle sehr amüsiert waren. Irgendwie spielten wir das ganze Stück dann so, dass am Ende die Kriminalgeschichte stimmte und sich die Leute gut unterhalten hatten.

Viel Aufregung um nix, alles ist gut!

Was bin ich?
Mein heiteres Beruferaten

Mein Sohn wurde eingeschult. Sein Vater machte berufliche Veränderungen durch, was ausschließlich Abenddienste für ihn bedeutete. Und ich konnte nicht mehr Theater spielen, da ich mein Kind abends weder allein lassen, noch ständig in Fremdbetreuung geben wollte.

War das das Ende meiner künstlerischen Karriere? Ein schrecklicher Gedanke! Wie auch immer: Ein Tagesjob musste her! Ich war gerade seit 3 Monaten arbeitslos, da ich ja kein Theaterangebot annehmen konnte. Ein Zustand, den ich sehr schlecht aushielt. Aber was sollte ich machen? Ich hatte ein halbes Studium, hatte unterrichtet, verschiedene Jobs gemacht, Kurse besucht... aber nichts Brauchbares für den „normalen" Arbeitsmarkt.

Eines Tages wurde ich zu einem Treffen des neuen KünstlerInnenservice des AMS eingeladen. Dort waren einige genervte Kolleginnen und Kollegen, die, auch nach jahrelanger Arbeitslosigkeit, einfach nur Künstlerinnen oder Künstler sein wollten. Ich fiel alien - artig auf als ich sagte: „Wenn ich jetzt noch mehr als 5 Tag arbeitslos bin, will ich gerne etwas anderes machen, sofern die Arbeit untertags stattfindet". Die Chefin des KünstlerInnenservice ließ sich meinen Lebenslauf geben und meinte: „Sie können aber viel!" Aha, war das so? Konnte ich irgendetwas Brauchbares außer Schauspielen, ein wenig singen und tanzen? Ich fand ja, dass ich nichts Wesentliches konnte, freute mich aber, dass sie mich so sah, maß dem aber keinerlei Bedeutung bei. Wenige Tage später bekam ich einen Anruf von ihr mit dem Angebot, Deutschunterricht für Teilnehmerinnen einer Arbeitsstiftung zu geben. Meinen Einwurf: „Ich weiß nicht, ob ich das kann" ignorierte sie gekonnt mit den Worten: „Du machst das schon!" Und sie hatte recht- ich machte es und anscheinend recht gut, denn kurze Zeit später durfte ich, nach einer fundierten Ausbildung zur Trainerin und zum Coach, ein wirklich feines Jugendprojekt übernehmen. Dem folgten viele neue Herausforderungen und jedes Mal, wenn ich Zweifel an meinem Können hatte, kam von meiner Chefin der bewährte Satz: „Du machst das schon!" Ich bin wirklich dankbar dafür, dass sie immer an mich und meine Fähigkeiten, die mir selbst oft nicht bewusst waren, geglaubt hat.

Trainerin und Coach zu sein ist eine wunderbare Aufgabe, die schon längst viel mehr ist als mein „Brotberuf".

Und ich bin leidenschaftlich gerne Schauspielerin, ich liebe es, meine Lesungen und Programme zu machen und Event - Theater zu spielen. Auch Moderationen mache ich sehr gerne und bin wirklich froh, dass ich so viel auf der Bühne stehe! Ich brauche es, künstlerisch tätig zu sein, um GANZ zu sein.

Anderen, insbesondere jungen Menschen, als Coach zu helfen ist auch sehr wichtig für mich, um mich GANZ zu fühlen.

Manchmal zerreißt es mich, oft sind die Herausforderungen fast zu groß, aber meistens ist mein Leben bunt, vielfältig und abwechslungsreich und dafür bin ich unendlich dankbar!

Aber was bin ich jetzt eigentlich?

Er kam allein

2015: ich bin so unglaublich berührt von den Geschichten der Flüchtlinge, ich bekomme sie direkt erzählt... das ist ganz anders, als sie in der Zeitung zu lesen.

Ich habe wenig Zeit, arbeite sehr viel, will aber trotzdem helfen.

Ich kann durch einen meiner Jobs jungen Menschen helfen, eine Lehrstelle zu finden und sie begleiten, damit sie die Abschlussprüfung schaffen und als Fachkräfte im Berufsleben gute Chancen haben...und...ich darf auch Flüchtlingen helfen.

Einmal kam ein junger Mann, 18 Jahre alt, zu mir ins Büro im 3.Bezirk auf der Suche nach Arbeit oder Hilfe oder was auch immer. Ich denke, er wusste selbst nicht, was er wollte oder brauchte. Vielleicht in Wahrheit eine Mama. Eine hartherzige Kollegin meinte, nachdem sie unser Gespräch mitgehört hatte, der ist unmöglich, dem würde sie sicher nicht helfen. Keine Ahnung, wieso sie das sagte. A. sagte nicht viel, aber er lächelte so strahlend, dass mir das Herz aufging. Und ich spürte seinen Schmerz, seine Trauer und seine Unsicherheit- ich wollte ihm helfen. Später erfuhr ich, dass er mit 14 Jahren allein aus Afghanistan aus einer unvorstellbar grauenhaften und lebensbedrohlichen Situation geflüchtet war. Auch fand ich heraus, dass er als Kind auf der Straße gekocht hatte um zu überleben.

Also stellte ich ihn in einem Restaurant vor, das vielleicht einen Koch-Lehrling aufnehmen wollte. Der Chefkoch war furchtbar streng und hart, meinte, er nimmt A. nur, wenn er einen Test besteht: Er musste die sehr lange Speisekarte lernen, und alles genau erklären können, auch die Zubereitung. A. lächelt wieder, diesmal ängstlich. Er bestand die sehr schwierige Prüfung beim Chefkoch nicht, das war gar nicht möglich, er hatte nie eine Schule besucht, war erst in Österreich mit 15 alphabetisiert worden und konnte immer noch schlecht schreiben und lesen. Er wurde noch 2mal laut und unfreundlich geprüft und gequält-dann wurde ich dem Küchenchef gegenüber laut und sehr deutlich: „Es reicht!! Ich will, dass er eine Chance bekommt!"

A. hat sie genutzt! Er hat bei diesem furchtbar strengen Koch unter schwierigen Bedingungen die Lehre durchgezogen und jede Möglichkeit angenommen, besser Deutsch zu lernen. Einige Male wollte er abbrechen, weil es wirklich extrem hart war, unter diesem Chef zu arbeiten. Er hat immer auf meinen Rat gehört, hat gemeint, ich wäre seine Mama hier, also mache er, was ich ihm rate. Jetzt hat er die Lehrabschlussprüfung geschafft und wurde fix angestellt, weil er ein guter Koch ist! Einen neuen, freundlicheren Küchenchef gibt es jetzt auch!

Seine dramatische Geschichte, den Verlust seiner Familie und seiner Heimat hat er nicht vergessen, aber er ist dankbar und glücklich, hier bei uns eine neue Heimat gefunden zu haben! Hoffentlich! Denn bald stellt sich bei der Behörde wieder die Frage, ob er weiterhin als subsidiär Schutzberechtigter in Österreich bleiben darf oder vielleicht sogar Asyl bekommt.

Das wäre mein schönstes Geschenk!

Refugium

Mitten im Wald steht auf 1180 Meter Seehöhe ein altes Haus.

Vor 29 Jahren hatten der Schauspielkollege P. und ich das Bedürfnis nach einem Refugium. Ich fand eines und wir restaurierten das alte Waldarbeiterhaus. Alles ist sehr einfach geblieben, so wird beispielsweise das Wasser auch heute noch mit einem Holzofen geheizt, die Wohnräume sowieso.

Im Grunde war alles gut, außer, dass der Kollege das Haus in Wahrheit nur wollte, da er der Überzeugung war, dass die Apokalypse naht und mir damit und mit allerlei Verschwörungstheorien Angst machte. Ich hingegen wollte hauptsächlich aus Liebe zur Natur und wegen der Ruhe hierher. Aber es gelang dem charismatischen, älteren Mann mich, Anfang 20-Jährige zu ängstigen.

Ich liebe dieses alte Haus, in dem es oft knarrt und knackst. Das Gebäude gehört im Grunde nicht uns, sondern der Natur. Immer wächst irgendetwas aus den Mauern, manchmal sogar im Innenbereich, eine hübsche Blume oder ein paar Grashalme, in der alten Steintreppe sogar ein Baum. Vor vielen Jahren schon haben sich Marder im Dach eingenistet, Mäuse sowieso. Die Mäuse, Spinnen und Insekten sind mir wirklich egal. Der Marder macht leider vieles kaputt, lässt sich aber nicht vertreiben.

Das Wunderbarste dort ist die Umgebung: Wald, Wiese, Bächlein und Ruhe.Und Tiere! Rehe kommen oft direkt bis zum Haus, Füchse laufen am Waldrand, Mäuschen huschen herum, Maulwürfe fühlen sich wohl, Vögel zwitschern glücklich und große Raubvögel kreisen wunderschön, manchmal fast irritierend nahe.

Eines Tages fuhr ich die Forststraße hinauf zu unserem Haus, da saß etwas recht Großes auf der Straße. Langsam fuhr ich weiter und blieb dann stehen: es war ein sehr großer Hase. Ich hatte nicht gewusst, dass die so riesig sein können! Ruhig stieg ich aus dem Auto und ging auf das schöne Tier zu. Er blieb sitzen, aber nicht in Schockstarre, um sich zu tarnen, nein, er bewegte sich, schaute abwechselnd auf mich und die Umgebung. Mittlerweile war ich nur mehr wenige Meter von ihm entfernt. So verging die

Zeit, Auge in Auge mit dem Hasen, keine Ahnung wie lange. Es war so bewegend, so schön, ihm so nahe sein zu dürfen und seine kleinen Bewegungen zu sehen! Dann kam er noch ein Stückchen auf mich zu, neigte den Kopf, hielt noch einmal inne, um dann in den Wald zu hoppeln. Ich stand noch eine kleine Ewigkeit da und fuhr dann verzaubert weiter. Mein Freund R., der lange Zeit bei Indianern in Kanada gelebt hatte, meinte tags darauf, nachdem ich ihm die Geschichte erzählt hatte: Beim Stamm der Seneca steht das Krafttier Hase für Angst und übertriebene Sorgen. Der Hase fordert dich dazu auf, die Ängste wahrzunehmen und sie dann loszulassen.

Diese Anregung nahm ich gerne an. Ein bisschen Zeit habe ich dazu gebraucht, die Ängste, die der Kollege geschürt hatte, hinter mir zu lassen. Ein wenig länger hat es gedauert, bis P. ganz wegzog.

Seither ist wirklich alles gut im alten Haus mitten im Wald auf 1180 Meter Seehöhe.

Angst

Unser Haus in der Steiermark liegt auf 1180m Seehöhe völlig einsam da. Nur eine Forststraße führt hinauf, also kaum je ein Fremder, der an uns vorbeiwandert und schon gar kein Auto. Ich liebe es! Es ist so ruhig, nur Natur, Wald, Wiese, Tiere - Rehe, Hasen, Eichhörnchen, neuerdings auch Wildschweine. Das Haus gehört eigentlich der Natur, allerlei Pflanzen, den Insekten, einigen Mäusen und leider auch dem Marder, der sich in unserem Dach eingenistet hat, dort alles kaputt macht und sich nicht vertreiben lässt. Trotzdem oder gerade deswegen ist es ein wahres Paradies.

Jeden Tag gehe ich stundenlang im Wald und auf den Wiesen spazieren, oft mit meiner Freundin F., die im einzigen Haus in der Nähe wohnt.

Letzten Herbst gingen wir wieder einmal, es regnete ein wenig und war recht kalt. Uns war das egal, wir genießen die Natur immer, wie sie ist. In der Ferne grollte ein Gewitter, auch nicht schlimm für uns, wir kennen das und sind nicht ängstlich. Aber auf einmal war es da! Heftiger Regen peitschte uns ins Gesicht, es wurde ganz dunkel am Himmel, Donner krachten laut, dicht gefolgt von riesigen Blitzen, wie ich sie nur von heftigsten Gewittern aus den Bergen kenne. Jetzt bekomme ich doch Angst. Josy, mein Hund hat furchtbare Panik vor dem Donner, will ins düstere Nichts rennen, dreht komplett durch. Wir laufen in Richtung unseres Hauses, auf der Suche nach Unterschlupf, verhängnisvollerweise war da nichts zu finden! Keine Möglichkeit, sich in Sicherheit zu bringen!

Plötzlich schlug ein Blitz wenige Meter von uns entfernt in einen hohen Baum ein. Es war so laut und hell - mein Herz blieb fast stehen vor Schreck! Wir hockten uns in Mulden, Josy war kaum zu halten, so panisch war sie. Ich wickelte geradezu meinen Körper um meinen ängstlichen, kleinen Hund, musste mein ganzes Gewicht einsetzen, um zu verhindern, dass sie ins Gewitter lief, um sie zu schützen. Auf meinen Rücken prasselte hart eisiger Regen, unter mir der zitternde Hund und wieder schlug ein Blitz ein, diesmal ganz in der Nähe meiner Freundin. Voll Angst dachte ich nur: „Bitte kann das Gewitter endlich weiterziehen!" Gefühlt 1 Stunde später ließ es ein wenig nach, so gingen F. und ich rasch weiter, stumm, voll Respekt vor den Naturgewalten. Es gab auch nichts mehr zu sagen, zu beeindruckend waren die Eindrücke der letzten Stunde, nur stille Blicke und den Wunsch, endlich ins schützende Haus zu kommen.

Frierend, blass und dankbar kamen wir nach 20 Minuten zuhause an. Unsere Familien hatten besorgt versucht, uns anzurufen, wir hatten nichts mitbekommen. Sie waren unglaublich erleichtert, uns wohlbehalten zu sehen!

Donner waren noch zu hören, Blitze zu sehen - in der Ferne und aus dem Haus durch unsere alten, etwas trüben Fenster betrachtet war das ein traumhaft schönes Naturschauspiel, dem ich stundenlang hätte zuschauen können. Unter einer warmen Decke auf der Couch sitzend mit dem friedlich an mich gekuschelten Hund!

Ein Schwein kommt heim

Mein Freund Josef kommt vom Land, er ist ein steirischer Bauernsohn. Ich mag das sehr, er ist so ein bodenständiger Mann, selbst leider kein Bauer mehr, er arbeitet in Graz als Manager.

Bei meinem ersten Besuch in der Steiermark lerne ich, dass sein Bauernhof einen Vulgonamen hat. Unglaublich für eine Städterin, die so etwas längst vergangenen Tagen zugeordnet hätte.

Außerdem lerne ich, dass Josef eigentlich der „Sepperl" ist, ebenfalls unfassbar, ist er doch so ein weltmännischer Gesprächspartner! Wie soll ich mich ab heute mit ihm unterhalten? Ich kann doch nicht mit einem „Sepperl" über Philosophie, Politik oder gar Alternativmedizin diskutieren! Andererseits muss Josef auch damit leben, dass mir manchmal, wenn ich besonders aufgeregt bin, der Wiener Gemeindebau, in dem ich meine ersten 11 Lebensjahre verbracht habe, quasi aus dem Mund springt.

Egal! Ich liebe die Geschichten vom Bauernhof und seinen Dialekt, vor allem, seit er sich nicht mehr bemüht, „schön" zu sprechen und es ihm folglich egal ist, ob ihn irgendjemand versteht.

Das Beste am für mich so wunderbaren Landleben sind die Tiere am Hof. Schweine liebe ich besonders, kann sie aber leider nicht mehr essen, seit ich einem zu tief ins Auge geschaut habe. Die sind so lieb und so klug, stinken tun sie aber auch ein bisschen - also einfach nicht als Mahlzeit geeignet!

Die neueste Geschichte handelt von Schweinen. Josef alias „Sepperl" erzählte mir, dass es früher, als seine Eltern Schweine züchteten, neben dem Hauptstall ganz in der Nähe einen weiteren Stall am „Dienstlhof" gab, in dem ihre Mutterschweine lebten. Kurz vor dem Ferkeln wurden die trächtigen Sauen von Josefs Vater zu Fuß vom „Dienstlhof" auf den Heimathof geholt, der etwa 150 Meter hügelabwärts lag.

Im Jahr 1981 wurde sein Vater Bürgermeister seiner 400 Einwohner – „Weltstadt", wie Josef schmunzelnd erzählt, und hatte nicht mehr so viel Zeit für jedes einzelne Schwein, dachte also damals kaum mehr an die Sauen. Eines Tages stand Josefs Mutter in der Küche, schaute nichtsahnend aus dem Fenster und traute ihren Augen nicht, als sie sah, wie eine Sau, die offensichtlich schon im anderen Stall am „Dienstlhof"geworfen hatte, mit Ihren 12 Ferkeln auf der Straße den Hügel herunterkam. Im Gänsemarsch liefen sie zum Heimathof! Wie die Muttersau es von anderen Würfen kannte, wollte sie einfach nach Hause. Josefs Mutter lief hinaus, um das Schwein in den Stall zu treiben. Die süßen, kleinen Ferkeln liefen hinterdrein, bis auf eines- das war vor lauter Aufregung ins Wohnhaus gelaufen und hatte sich in der Schachtel mit dem Altpapier versteckt. Josefs jüngste Schwester fand es und wollte es gar nicht mehr hergeben, so herzig war es. Die Mutter fand es weniger herzig und brachte es kurzerhand zu den anderen in den Stall. So hatte alles wieder seine Ordnung.

Und wieder lerne ich etwas: Auch das Schwein ist ein Gewohnheitstier!

Bei uns wohnt ein Wolf

Unsere Hündin ist ein ungeheuer friedliches, kleines Kuscheltier. Sie liebt jeden Menschen und überhaupt jedes Lebewesen.

Würde bei uns jemand einbrechen, würde sie den Einbrecher schwanzwedelnd begrüßen, ihn auf dem Weg zu den Wertgegenständen freudig begleiten und ihm die verbrecherischen Hände abschlecken. Selbst wenn Josy riesigen Hunger hätte, könnte ihr jeder Fremde das Futter aus dem Maul ziehen, ohne dass sie sich dagegen wehren oder gar zubeißen würde.

Gäbe es einen Friedensnobelpreis für Hunde, sie würde ihn bekommen.

Josy fühlt sich auch gut mit allen Katzen befreundet, das sind wunderbare Spielgefährten für sie, die Katzen sehen das leider meistens anders. Flüchten panisch auf den nächsten Baum oder wollen sie kratzen. Sie ist sich sowieso sicher, dass jedes Wesen auf dieser Erde Ihr Freund oder Ihre Freundin ist und nur dafür geboren wurde, mit ihr zu spielen oder zu kuscheln.

Eines Tages fanden wir einen Test in einer tierärztlichen Zeitschrift:„Wie viel Wolf steckt in Ihrem Hund?" Da gab es einige Fragen, eine davon war:

„Beschützt sie Ihr Hund indem er „Feinde" stellt?" Ich finde ja, schon. Sie knurrt geradezu grimmig Schäferhunde und Rottweiler an, für die sie ein willkommenes Frühstück wäre. Allerdings hat sie dabei einen hündischen Sprachfehler, denn sie wedelt dabei mit dem Schwanz und macht ein freundliches Gesicht. Zu Josys großem Erstaunen fürchtet sich niemals irgendjemand vor ihr.

Eine weitere Frage: „Verfolgt Ihr Hund je einen Menschen?" Hmmm, an sich nein, aber beim Bobfahren im Schnee jagte Josy meinen Sohn und mich. Sie schien dabei nach ihm zu schnappen und versuchte, ihn runter zu ziehen. Das hat uns ein wenig erschreckt. Nach einiger Zeit haben wir aber verstanden, dass sie das Bobfahren als zu gefährlich eingestuft hat und nur versucht hat, das Kind zu retten. Also vielleicht doch nicht gar so viel Wolf, das Hundsi.

Die entscheidende Frage in Bezug auf Josys Ähnlichkeit zum Wolf aber war: „Reagiert Ihr Hund auf Kirchenglocken oder Sirenen mit lautem Bellen?" Wir waren sicher, dass sie das nicht tut, sie ist doch unser süßes, kleines, friedliches Hündchen, fast ein Schoßhund! Kurz darauf ging mein Sohn mit Josy der Linzer Straße nahe Hütteldorf entlang, als ein Rettungsauto mit lautem Folgetonhorn vorbeifuhr. Sie setzte sich sofort alarmbereit und angespannt an den Straßenrand, hob den Kopf in den Nacken, wie ein Wolf im Märchen, der den Vollmond anheult. Dann heulte sie wie die wildeste Bestie und hörte gar nicht mehr auf damit. Vielleicht war das ein ganz glücklicher Moment in Ihrem Leben, vielleicht dachte sie, sie sei zurück beim Ursprung, bei Ihrem Wolfsrudel.

Wir sind eine gute Familie für unsere Hündin, wir lieben sie sehr, füttern sie gut und sind viel in der Natur mit ihr. Lautstark den Vollmond anheulen tun wir dann doch eher nicht!

Ahnung, wie mir das gelingt. Ich spüre die unendliche Liebe zu ihm, die riesige Angst, ihn zu verlieren, die Sorge, dass es ihm schlecht geht!

In diesem Augenblick sagt er, dass er die Feuerwehr hört, die schon an seiner Tür pocht. Dann höre ich alle möglichen Geräusche, Stimmen, Aufregung, Schritte.... dann bin ich dort, vor seinem Haus. Wir telefonieren wieder am Handy: „Wo bist du?"

Dann sehe ich ihn: Dieser so starke und große Mann geht verloren in kurzer Hose und leichtem Shirt im kalten Nieselregen herum, sieht mich nicht einmal, als ich vor ihm stehe. Er ist so verschreckt, aber er lebt und ist unverletzt! Jetzt fließen die Tränen, ich umarme ihn und bin so unendlich dankbar - der Feuerwehr, der Tatsache, dass er das Feuer rechtzeitig bemerkt hat, obwohl er schon geschlafen hatte und einfach dem Leben!

Und ich weiß wieder - diese Liebe hört nie auf, niemals!

Josy und die Liebe

Als unser Sohn im Kindergartenalter war, retteten wir 2 Kätzchen von einem Bauernhof. Mein Kind und die Katzen waren 2 Jahre lang ein Herz und eine Seele, als die Allergie, die mein Mann gegen die Tiere entwickelt hatte, so schlimm wurde, dass er nur mehr hustete, in der Wohnung keine Luft mehr bekam und ständig arg verschwollene Augen hatte. So schrecklich das für uns alle war, die Katzen mussten weg. Nach intensivem Suchen fanden wir einen tollen Platz für sie, dort durften wir sie sogar immer wieder besuchen.

Trotzdem: mein Sohn und ich waren unglücklich, er konnte nicht mehr gut schlafen und war unkonzentriert in der Schule. Irgendetwas mussten wir tun. Vor 14 Jahren bin ich dann über ein Inserat gestolpert, in dem für 4 Welpen, die aus der Slowakei gerettet worden waren, dringend ein Platz gesucht wurde. Pudel-Mischlinge, die gar nicht nach Pudel aussahen. Ich konnte nicht anders, musste mir die Tiere, die bei einer Pflegefamilie in Wien lebten, anschauen. Ganz sicher war, dass wir keinen Hund nehmen würden, schon gar keinen schwarzen! Helle Hunde haben mir immer schon besser gefallen. Nach meinem ersten Besuch bei den Hunden waren wir, mein Mann, mein Sohn und ich noch 2mal dort, danach war uns klar: Josy gehört zu uns! Sie war ein freches, kleines Hündchen, sehr lieb und ebenso lebhaft.

Mein Sohn wusste ja, dass wir uns auf keinen Fall einen Hund nehmen würden, also war es eine wunderbare Überraschung, als ich, beim Abholen von der Schule, das kleine Fellknäuel aus meiner Jacke zog. Josy war so klein, viel zu jung, man hatte uns gesagt, sie wäre 12 Wochen alt, aber es waren höchstens 7. Es war kalt draußen und das kleine Hündchen fror so sehr, besonders am Bauch, dass es beim Gassi gehen gleich wieder rein wollte, um dann drinnen sein Geschäft zu verrichten.

Eines Tages sahen wir, wie Josy über eine schräge Holzleiter aufs Hochbett meines Sohnes kletterte, da wussten wir, dass sie irgendwie ein Zirkushund ist. Seither hat sie uns und sich selbst mit vielen Kunststücken Freude gemacht. Nicht zu vergessen, die vielen wunderbaren Spaziergänge, die mit Hund noch so viel erfüllender sind.

Jetzt ist sie alt, 14 Jahre und wird immer lieber und herzerwärmender. Ein bisschen ruhiger und ein bisschen kuscheliger ist sie, sie klettert keine Leitern mehr hoch, will immer noch ins Auto springen, schafft es aber nur mehr an guten Tagen.

Manchmal passiert ihr ein kleines Missgeschick zu Hause. Ich bin nie genervt, wenn ich wieder einmal etwas wegputzen oder mit 90° waschen muss, spüre nur noch mehr Liebe und Mitgefühl für sie.

Da wird mir unser aller Vergänglichkeit bewusst. Und, dass der Abschied von meiner geliebten Hündin nicht so weit entfernt in der Zukunft liegt. Das macht mich sehr traurig, aber nur ganz kurz, denn JETZT lebt sie, JETZT geht es ihr gut und JETZT genießen wir jeden Moment miteinander!

Und dann spüre ich große Dankbarkeit für die Freude und Liebe, die Josy, diese wunderbare Seele, täglich in unser Leben bringt!

Käsekrainer und alte Socken

Ich liebe mein Kind. Vom ersten Tag an war die Zeit mit ihm besonders schön: kuscheln, ihm die Welt zeigen, mit ihm spielen, lesen, gemeinsam in der Natur sein. Es war immer etwas ganz Besonderes, mit ihm zu sprechen, schon als er ganz klein war. Alles war wunderbar und ist es noch, nur ganz anders.

Jetzt ist er erwachsen. Wir krachen manchmal ziemlich aneinander, besonders natürlich da, wo wir einander ähnlich sind: wir reden beide gerne und viel, können schwer aufhören, obwohl es schon reichen würde, keiner gibt in der Diskussion gerne nach, aber wir können uns gut entschuldigen, wenn wir unsere Fehler einsehen. Und keiner ist nachtragend. Schon 5 Minuten nach einem lauten Streit finden wir gute Lösungen oder haben beide vergessen, dass wir doch eigentlich böse aufeinander sind. Das liebe ich sehr an uns. Mein Sohn ist klug und sehr lustig, hat manchmal einen schrägen Humor, ich amüsiere mich königlich. Er ist sprachlich wirklich raffiniert. Und er bringt unglaublich viele Ideen und Gedanken in jedes Gespräch ein, auch viel Wissen aus verschiedensten Bereichen. Auch heute ist alles was wir miteinander erleben interessant und spannend für mich. Nun ist er aber, wie gesagt, erwachsen. Will und muss natürlich seinen eigenen Weg gehen. So nahe wir uns sind, sein Weg ist nicht meiner und das ist nur gut so! Der Alltag ist jedoch manchmal sehr anstrengend.

Seine Vorstellung darüber, wohin schmutzige Socken gehören, weicht erheblich von meiner ab.

Er findet sogar einen Weg durch das Chaos von seiner Zimmertür zu seinem Bett oder seinem Schreibtisch. Ich nicht! Ich finde, er sollte jetzt, im Maturajahr wirklich viel lernen, er meint, das passt schon alles so - und „passt so" bedeutet, kaum etwas zu tun, schon gar nicht lernen. Er findet, dass gegrillte Käsekrainer um 2 Uhr früh super sind, ich finde, sie stinken sehr, vor allem, wenn der Geruch in mein Schlafzimmer dringt. Ich finde mein Gemüsecurry ganz toll, er meint: „Gibt´s nichts G´scheites? Mit viel Fleisch?!" Er findet elektronische, hämmernde Musik muss laut gehört werden, mir fällt das Ohr ab! Ich finde, er sollte mehr Sinnvolles tun, er findet, ich sollte mehr chillen. Er findet, dass

„Fortgehen" bedeutet, dass man frühestens um 6 Uhr morgens nach Hause kommt, ich finde, dass man um 1 Uhr schon im Bett sein kann - zum Schlafen. Ich finde, dass „Axe"-Deos grauenvoll stinken und dass er doch das gute und teure Bio-Deo verwenden soll, das ich ihm gekauft habe, er findet „Axe" gut. Er findet, Chips im Bett zu essen ist super, ich finde das gar nicht.

Oh, wie gut ich das kenne, nur von der anderen Position aus! Wie sehr erinnern mich meine Worte an die meiner Eltern! Auf einmal habe ich viel Verständnis für meine besonders ordentliche Mutter, die sicher vor 40 Jahren arg unter meinem Chaos gelitten hat.

Im Grunde also alles ganz normal, ein bisschen Generationenkonflikt eben, nur: Jetzt bin ich die „Alte".

Erleuchtung oder so

Ich bin ein unruhiger Mensch. Leider. Das hat auch ein paar Vorteile, denn ich bin unglaublich schnell in vielem, habe dauernd Ideen, bin, vielleicht auch deshalb, recht vielseitig. Aber Entspannung, Ausruhen, Nichtstun, Faulenzen - das sind die wirklich schwierigen Dinge im Leben! In meinem Leben zumindestens. Kluge Berater sagen, das ist nicht gesund.

Also gut, dann besuche ich das Seminar „Stress - Management". Da lerne ich, wie sehr und auf welche Art ich gestresst bin. Eigentlich wusste ich das schon, aber jetzt habe ich kluge Worte dafür. Da fühle ich mich doch gleich viel besser! Zu Hause manage ich dann meinen Stress, wie im Seminar gelernt. Lustig ist das! Wie ein dressierter Affe jongliere ich mit den Techniken herum und mache alles so unglaublich richtig - aber entspannt bin ich nicht.

Dann besuche ich einen Meditations-Kurs. Der Kursleiter ist so eine Art Guru, ein seltsamer Typ mit buntem, flatterndem Gewand und komischem Sing-Sang beim Sprechen, egal, ob er über Meditationstechniken, seine unendliche Weisheit, das Abendessen oder über das Klopapier, mit dem wir doch bitte sparsam umgehen sollen, redet. Die Meditationen sind ja fein, aber innerlich zapple ich jetzt noch mehr, da ich äußerlich ruhig sitzen muss. Das war schon in der Schule so, was zu einer weniger guten Betragensnote geführt hat. Darüber habe ich mich damals tatsächlich gekränkt! Jetzt kränke ich mich nicht, bin aber gequält. Heldenhaft halte ich bis zur Königsmeditation durch. Danach fühle ich mich als Einzige nicht erleuchtet, aber doch ein wenig ruhiger. Zu Hause wende ich die Techniken des Gurus an, muss aber leider dauernd lachen, vor allem, wenn ich sein superernstes Gesicht und den Sing-Sang im Kopf habe. Außerdem habe ich genug Klopapier! Das mit der Meditation ist auch nichts!

Ein Wellness-Wochenende muss her, ich muss mich entspannen! Das 5-Sterne-Hotel ist elegant und sehr ruhig - das macht mich gleich ein bisschen nervös. Am Abend gibt es Klangschalenmeditation. Das ist wirklich schön. Ich spüre das Schwingen der Töne, fühle mich sehr wohl und werde tatsächlich ruhig. Bis der Mann neben mir laut zu schnarchen beginnt und die Dame gegenüber zu grunzen! Wieder nichts!

Sauna ist gut, aber kaum entspanne ich mich ein wenig, ist mir zu heiß. Thermalbaden ist schön, aber kaum werde ich ruhig, kringelt sich meine Haut. Im Zimmer zu ruhen ist auch fein, aber doch sehr fad!

Zu Hause angekommen bin ich immer noch - ICH - etwas unruhig, aber lustig, ein bisschen zu schnell, manchmal hektisch, aber oft strahlend und fröhlich - im Grunde mag ich das genau so! Offensichtlich bin ich nicht therapierbar, was gezielte Entspannung und Erleuchtung betrifft! Mit dieser Erkenntnis gehe ich in den Wald, in den Dehnepark. Irgendwann bemerke ich, dass ich ganz ruhig atme und mich sehr wohl fühle. Zu Hause lege ich mich zu meiner Hündin auf die Couch und streichle sie. Jetzt bin ich ganz ruhig und entspannt und alles ist gut!

So einfach ist das! Und preisgünstig!

PETRA DINHOF

1966 in Wien geboren. Nach erfolgreich abgebrochenen Studien (Rechtswissenschaften und Lehramt) studierte sie Schauspiel, spielte erst am Wiener Burgtheater, danach in der freien Szene. Sie arbeitet als Schauspielerin, Moderatorin, Sängerin, Trainerin, Coach und Stiftungsmanagerin in Wien, wo sie heute mit ihrem Sohn lebt. In Ihrem ersten Buch schreibt sie Geschichten und Anekdoten über die Bühne und alles, was dahinter und rundherum passiert. Außerdem über Menschen, die sie inspirieren und nicht zuletzt über die mittlerweile alte Hündin Josy, die so viel Liebe und Freude ins Leben bringt.

Alle Storys von Petra Dinhof zu finden auf www.story.one

schreib's auf
story.one

Viele Menschen haben einen großen Traum: zumindest einmal in ihrem Leben ein Buch zu veröffentlichen. Bisher konnten sich nur wenige Auserwählte diesen Traum erfüllen. Gerade einmal 1 Million publizierte Autoren gibt es derzeit auf der Welt - das sind 0,013% der Weltbevölkerung.

Wie publiziert man ein eigenes story.one Buch?

Alles, was benötigt wird, ist ein (kostenloser) Account auf story.one. Ein Buch besteht aus zumindest 12 Geschichten, die auf der Plattform gespeichert werden. Diese lassen sich anschließend mit ein paar Mausklicks zu einem Buch anordnen, das sodann bestellt werden kann. Jedes Buch erhält eine individuelle ISBN, über die es weltweit bestellbar ist.

Auch in dir steckt ein Buch.

Lass es uns gemeinsam rausholen. Jede lange Reise beginnt mit dem ersten Schritt - und jedes Buch mit der ersten Story.